Alejandro Llanos

Hacia El Rosal

Alejandro Llanos

Hacia El Rosal

Un camino de Unión y Amor

JustFiction Edition

Imprint
Any brand names and product names mentioned in this book are subject to trademark, brand or patent protection and are trademarks or registered trademarks of their respective holders. The use of brand names, product names, common names, trade names, product descriptions etc. even without a particular marking in this work is in no way to be construed to mean that such names may be regarded as unrestricted in respect of trademark and brand protection legislation and could thus be used by anyone.

Cover image: www.ingimage.com

Publisher:
JustFiction! Edition
is a trademark of
International Book Market Service Ltd., member of OmniScriptum Publishing Group
17 Meldrum Street, Beau Bassin 71504, Mauritius
Printed at: see last page
ISBN: 978-620-0-49177-0

HACIA EL ROSAL

Un camino de Unión y Amor

A mi madre

INDICE

FLORES, HIERBAS Y MALEZAS

Al momento de comenzar este escrito, Chile está sufriendo dos convulsiones terribles, la de la insurrección política de izquierda que se sustenta en el descontento social producto de estrecheces económicas de la mayoría y lo que le toca de la pandemia del Covid-19. El país se asemeja a un púgil que se defiende en las cuerdas para no ir a la lona, asediado por los golpes de ambos brazos del contrincante.

El momento de hastío con la política y los políticos, de estrés psicológico y económico de la población es tal, que resulta casi imposible concebir un momento más inapropiado para escribir y dirigirse a la mente de las personas con temas de índole política. Sin embargo, la cuarentena alienta la porfía y la escritura y surge la esperanza que la gran crisis alentará la búsqueda de nuevos caminos.

Si bien lo que se expresará no afectará para nada el debate político actual, existe la posibilidad que, como nadie es profeta en su tierra, algún editorialista extranjero difunda el texto y que éste haga sentido a uno o más de uno que estén en un momento de calma y reflexión. Si así fuese se hubiese alcanzado el propósito de esta obra.

Parafraseando a Víctor Jara, no escribo por escribir ni por tener buena prosa, escribo porque el escribir tiene sentido y razón. Que mejor sentido y razón para escribir que el querer mostrar una visión filosófica y política que nos ayude a escapar del pozo profundo de los desencuentros que mantiene a la mayor parte de la especie humana sumida en medio de tristezas y dolores.

¿ A qué tristezas y dolores me refiero? . A los dolores y tristezas de los sumidos en la pobreza, de las víctimas de enfermedades privadas de la cura, de los destruidos por el narcotráfico, de los que viven la desesperanza de las migraciones, de los que sufren la desintegración familiar, de los que pierden la libertad, de los que caen en el infierno del resentimiento y el odio social.

¿Pero cuál sería la visión filosófica y política que se atreviese a echar sobre su espalda tan grande y ambicioso propósito? Una que trabaje con la fuerza del Amor y de la Unidad.

Ja! Dirá un lector. ¿ Se trata de política, filosofía o de religión ? De todas ellas, es la respuesta.

¿ Y cuál es tal misteriosa visión?. No tiene nada de misterio. Está a la vista, sólo es esquiva. **Está a la vista, pero sólo la ven fácilmente quienes tienen espíritu de Amor y Unidad.**

Si éste nuevo intento fructifica, quienes la ven, en el futuro deberán unirse para ponerla de manifiesto y para ello, como toda política, se requiere que tomen la manija del poder.

¿ Porqué la visión es esquiva ? Porque es nueva. Y para los humanos lo nuevo es de difícil comprensión. Pero hay algo más grave. Hay quienes dificultan, ocultan y luchan incluso contra la visión, son aquellos en que predomina el espíritu del Odio y la Desunión. A esos habría que vencer. A lo largo del texto encontraremos a quienes encarnan uno y el otro tipo de espíritus.

¿ Y quién es éste señor que escribe con tal talante preguntará alguien? Uno cualquiera, como cualquiera de Uds., pero a través de estas páginas hablarán nuevamente los Grandes.

LA SEMILLA

Nací en Concepción Chile, año 1948, en la Maternidad del Hospital Clínico Regional pero de eso obviamente nada recuerdo.

Los recuerdos comienzan con una ventana blanca del Kinder del Colegio Charles de Gaulle de mi ciudad donde mi madre, Marta, impartía clases de francés. Y de eso nada más.

Luego, ya con más claridad viene a mi mente la primera preparatoria en el Colegio Concepción de Freire con Pelantaro. Los cumpleaños y una visita de la famosa folklorista doña Margot Loyola y por supuesto mi primera profesora doña Irma Machuca. En esos tiempos conocí al Dr. Jorge Weibel y me fascinó el redondo reloj en el panel de su Chevrolet cuyo motor sonaba con un suave tic tac. En ese carro fuimos a Cerro Verde con su hijo Erik, mi mejor amigo, ahora en Seattle. Erico, que así lo llamábamos entonces, era un niño bonito rubio y de ojos azules y tenía una bicicleta de aro 24 que me prestaba. Muchas veces fui a su casa de Lientur con Freire y él otras tantas a la mía de Galvarino con Barros.

Al año siguiente, el Colegio Concepción se cambió al barrio Pedro de Valdivia pasado la tornamesa, donde daban vuelta las micros. Había un edificio central de material y unas cabinas de madera donde teníamos clases. Todo ello mostraba la pujanza de **la Corporación Masónica** dueña del Colegio.

Después del primer día de clases, fui con mi madre a la Librería Matus de Orompello con Barros a comprar los útiles que nos pidieron. Allí encontré a mi compañera, la Brenda Gorman, en los mismos menesteres acompañada de su padre. Ella fue mi "primera polola".

En el colegio estuve hasta la sexta preparatoria destacándome como excelente alumno y distinguido por mi maestra doña Silvia González quién me pedía ir la sala de Inspectoría en el edificio Central, a la oficina de "cejas" Cid, a buscar tiza y de pasada ver la hora en el reloj grande del pasadizo. Muchos otros recuerdos me vienen a la mente pero ellos no vienen a cuento.

En esa época mi madre me enseñó **un principio fundamental**, clave en la comprensión de la nueva visión. Nada de complicado, el cuento de la gallina y los pollitos y que abusando de la paciencia del lector paso a relatar. Érase una vez una parvada de pollitos que se movía por el huerto, de vez en cuando la gallina encontraba un alimento y llamaba a los pollitos con una especie de cacareo suavecito y estos acudían presurosos a su llamado. Ya más grandecitos, los pollitos adoptaron un comportamiento más independiente y la gallina les dijo... Vamos a hacer un pan... ¿ quién me ayuda a buscar los granitos de trigo?. Yo no, yo no.. dijeron los pollitos al unísono y salieron arrancando. Bueno, lo haré yo dijo la gallina. Para no abusar más del lector digamos que el acto de repitió idéntico con la molienda de los granos, el amasijo de la harina y la cocción de los panes. Como también intuirá el lector, el cuento termina con la pregunta y la enseñanza de la gallina. ¿Quién me ayudará a comer estos pancitos calientitos y olorosos? Yo..., yo...., dijeron todos los pollitos acudiendo presurosos. No. Lo haré yo, les dijo la gallina.

Una tarde fuimos con Erico a la casa de Jorge, mi compañero de banco, a jugar a la pelota frente a su casa de Paicaví con San Martín. Jorge, hijo de un médico pediatra bronco pulmonar donde me llevaba mi padre Artemio cuando estaba yo con gripe, tenía todos los implementos para la práctica deportiva en la calidad de goalkeeper. Chuteadores, rodilleras y por supuesto pelota, todo nuevo y que Jorge los aprovechó para demostrar todo lo empeñoso que era. A la hora de once conocimos a la madre de Jorge, una señora rubia de ojos azules, que al vernos dijo por Erico ¡que niño tan bonito! . Y mirándome.. ¡no, este es feíto! La atinada observación de la señora tuvo la virtud de colocarme, por mi condición de morenito, bajo y gordito, en la posición social, o algo así, que me correspondía y que nunca más olvidé.

Un día de 1955 en que los militares argentinos derrocaron a Perón mi padre compró y llevó a la casa un receptor de radio que fue para siempre un inseparable compañero, pero también, motivo de carreras con mi hermana María Teresa y luego con las hermanas menores Cecilia y Marcela por escuchar los programas favoritos.

LA GERMINACION

Después del Colegio Concepción me fui al Liceo de Hombres Nº1 de Concepción. Erico se fue a Estados Unidos no sin antes degustar asiduamente en mi casa un queso en tarro que la Alianza para el Progreso donara en razón del terremoto del 60. En el Liceo, casi todos mis nuevos compañeros más cercanos que me vienen al recuerdo entre 1960 al 66 tenían "olor" a izquierdistas. El "papelucho" Alvarez, el "chico" De la Cruz, Iván Sanhueza, Enrique Hidalgo, el "guatón" Cánovas, Raúl Rivas, Miguel Amigo, Juan Guerrero, el "loco" Cartes, Carlos Vignolo, Rodrigo Benavente. Arturo Medina, Pedro y Cesar Arriagada eran las excepciones. Entre los profesores Marcos Ramírez y Reinaldo Navarrete la llevaban. Sin embargo poco se hablaba de política porque no se entendía. Con Cánovas hicimos elegir a Cartes como Presidente de Curso contrariando a nuestro Profesor Jefe, Monsieur Herrera, que no disimulaba su preferencia por De la Cruz. Cartes desempeño muy bien el cargo. De allí empezó a funcionar la "política".

Sin entender porqué le tenía ojeriza al sistema de la Bolsa y sus acciones. En una elección de alumnos entre el candidato Garrido y el candidato Luciano Cruz mi intuición me llevo a votar por Cruz quien posteriormente fue un destacado dirigente del MUI y el MIR. (Movimiento Universitario de Izquierda y Movimiento de Izquierda Revolucionaria respectivamente). Estos movimientos que se sumaron a los métodos de la Revolución Cubana triunfante en 1959. Tiempo después, escuchaba en la radio, la onda corta de Radio Habana. Las campanitas y la marcha.. guerrilleros, guerrilleros, adelante siempre adelante... la Patria premiará vuestro heroísmo... Esta es Radio Habana Cuba, transmitiendo desde Cuba, territorio libre de América.. Era fascinante. Pero también en ese tiempo escudriñaba el escritorio de mi padre, él pertenecía a la Logia masónica Paz y Concordia Nº 13 de Concepción, me gustaban sus mandiles, leer sus trabajos y las ilustraciones de la Enciclopedia Masónica de Frau y Arus y sus libros masónicos.

El mundial del 62, los Sputnik, las Mercury, las Apolo, la Luna y los Beatles, una época inolvidable.

LOS PRIMEROS BROTES

Terminadas mis Humanidades y rendida la prueba de Bachillerato ingresé al Curso Propedeútico de la Universidad de Concepción para hacer mi primer año universitario en que se decidiría la carrera definitiva.

En las universidades ebullía la política. El estudiantado democratacristiano y de izquierda pugnaban por arrebatar el poder a las cúpulas universitarias gobernantes a través del proceso denominado Reforma Universitaria. En la Universidad de Concepción la pugna fue entre reformistas y la Masonería apoyada por grupos gremialistas o de derecha. Sin duda, para mi significó una situación de conflicto y confusión.

Coincidiendo con tal situación tuve ocasión de leer el libro, Jesuitas y Masones del sacerdote jesuita Tohotom Nagy quién, con permiso de su Santidad el Papa, se introdujo en la Masonería de Buenos Aires para conocer la verdad de la institución enemiga de la Compañía de Jesús. En su obra, el sacerdote desvirtúa las falsedades cruzadas entre las instituciones y concluye que en su vida hay dos grandes amores, la Masonería y la Compañía de Jesús.

La sorprendente conclusión de su obra me hizo concebir, por analogía, el acercamiento entre Masonería y Comunismo **y más aún, algo así como lo que posteriormente fue la denominada la vía chilena al socialismo.**

Acudiendo a las fuentes, hoy me he enterado que Tohotom Nagy extendió también su espíritu de Amor y Unidad al Comunismo constituyéndose en un precursor de las nuevas doctrinas. También estuvo en Chile, y tuvo contactos con el sacerdote Luis Hurtado Cruchaga.

En la Universidad de Concepción buena parte de la Masonería compartía los conceptos de la Reforma lo que finalmente determinó que el Rector David Stichkin Branover (masón) diera cauce a la transformación reformista. En la elección realizada conforme a los nuevos Estatutos triunfó don Edgardo Enríquez Frodden (también masón) que contó con el apoyo de la izquierda alentada por su propio hijo Miguel Enríquez Espinoza líder del MIR.

Los conflictos entre el MIR y el gobierno democratacristiano de Eduardo Frei Montalva, que también envolvieron al Rector, tensionaron el escenario previo a la elección presidencial de 1970. Estos y el proceso de la Reforma Universitaria pusieron de manifiesto las tres tendencias, la de derecha, la de centro y la de izquierda dentro de la Masonería de Concepción lo posteriormente se reflejó en la división del Partido Radical a nivel nacional en lo que en definitiva fueron la Democracia Radical (DR), el Partido de Izquierda Radical (PIR) y el Partido Radical (PR) respectivamente.

A nivel nacional y con miras a las elecciones presidenciales, se confrontaron en el Partido Socialista la postura electoral y legalista de Salvador Allende (masón) y la insurreccional al estilo cubano. Triunfa la de Allende y se forma una alianza de partidos llamada la Unidad Popular (UP). Con el triunfo de la Unidad Popular encabezada por Allende y con predominio de la izquierda se inicia **un proceso brillante y corto denominado vía chilena al socialismo**. El triunfo electoral de la izquierda es un acontecimiento que acapara la atención de los medios de prensa nivel mundial. En uno de sus discursos Allende señaló: ¨ en Chile hemos dado un paso trascendente, la base política del gobierno que presido está formada por laicos, marxistas y cristianos¨... El programa de Gobierno de Allende tiene transformaciones profundas en la propiedad de medios de producción y es atacado por la centro derecha creándose un clima de confrontación con sectores de centro izquierda. Esta crisis política (Rocha) no puede ser controlada ni detenida por Allende, quién, para resolver el conflicto recurrió al Tribunal Constitucional integrado por un socialista, dos del PIR (masones) y dos derechistas comprometiéndose a acatar su veredicto cualquiera que éste fuese. Este Tribunal se inclinó por la postura de la oposición golpista, la incompetencia, lo que significaba un golpe de muerte a la democracia chilena. El proceso culminó con el golpe militar de 1973.

El Golpe ocurrió al mes siguiente de que entregara la Presidencia del Centro de Alumnos de mi carrera de Química lo que me valió, junto al hecho de no caer en odiosidades políticas graves y ser políticamente independiente, salvar sin graves consecuencias que lamentar. La muerte del Presidente y el derrumbe del ideal político significó para mí un profundo pesar que pude atenuar en razón de la continuidad de mis estudios.

En 1974 ingresé a trabajar en la sede de Concepción de la Universidad Técnica del Estado la que me permitió simultáneamente obtener el grado de Licenciado en Química. El trabajo trajo aparejado un período de tranquilidad y de búsqueda de una compañera. En 1976 falleció mi hermano Enrique en un accidente y al año siguiente mi padre de cáncer. En forma simultánea ayudando a sobrellevar tan profundos dolores empecé primero a pololear y luego contraer matrimonio con mi actual esposa Alicia. La posibilidad de continuar estudios en el extranjero postergó la decisión de tener hijos.

EL BOTON DE ROSA

La onda corta de Radio Moscú y su programa Escucha Chile era el único medio que proveía información que no fuese la oficial y que luego de la escucha conducía a momentos de reflexión acompañado de las malas noticias económicas y las de una despiadada represión. Una noche angustiado por voces que sonaban desesperadas en la calle y que atribuí a la represión sentí un impulso de resistir a la Dictadura. Pensé en la necesidad de una Logia que representara algo así como la vía chilena al socialismo. No podía ser la Masonería Tradicional, plagada de partidarios y promotores del golpe, que por información de mi padre había expulsado a Edgardo Enríquez (Ministro de Educación de Allende) por falta de pago de cuotas en circunstancias que estaba retenido en Dawson o en extranjero. Para muestra, basta eso. (Casanueva W.)

Luego me concentré en una posible divisa, la que además de los principios masónicos incorporara el principio fundamental de los marxistas. El combate a la explotación del Hombre por el Hombre pero en positivo. La Correspondencia entre el Trabajo y el Beneficio concluí. Así entonces, **Correspondencia** es el nombre del principio que mi madre me enseñó en el cuento de los pollitos. Es un principio bueno. Anterior al marxismo. Está presente implícitamente en los primeros versículos de la Biblia. "Ganarán el pan con el sudor de su frente" les dijo, El Creador, a Adán y Eva cuando por desobediencia los expulsó del Paraíso.

Luego vino la declaración de Fundación. Partido de los Trabajadores de Chile se llamó el ente que no constituía aún una la Logia y el documento finalizó con el emblema de la divisa. **Una Cruz de Cuatro Estrellas.** Así como la que vemos en la noche del cielo austral (sin la chiquitita). Junto a los principios las firmas clandestinas de dos personas conocidas y la mía. La cuarta firma quedó abierta para la firma de cualquier trabajador que así lo deseare. La persona que firmó junto a la Correspondencia, que militó en el Partido Comunista y se convirtió en la Comunidad Religiosa del Camino, me pregunto al firmar. ¿ Viene de Dios?. Sí le respondí y él firmó. **La divisa fue Fraternidad, Libertad, Igualdad y Correspondencia.**

ACTA DE CREACION DEL PARTIDO DE LOS TRABAJADORES DE CHILE.

CON LA GRACIA DEL CREADOR MEDIANTE, A LA GLORIA DE EL Y A LA DE SU CREACION es hoy, 4 de Diciembre de 1983, un día de gran significación en la Historia de la Humanidad. Una fecha que con el devenir del tiempo será recordada con júbilo y alegría con recogimiento y gratitud. La razón es simple. Hoy nace el PARTIDO DE LOS TRABAJADORES DE CHILE.

Ha correspondido a Chile, nuestra Patria, este extraordinario honor de colocar un hito más en el devenir del Tiempo Humano, lo aceptamos como chilenos, con legítimo orgullo, con humildad, con optimismo y resignación.

Chile, un país pequeño, pero donde hasta ayer cualquier ciudadano era libre de expresarse como mejor prefiriese, de irrestricta tolerancia cultural, religiosa e ideológica, donde la discriminación racial no tenía cabida. Un país con una clase obrera unida en una sola organización sindical, donde el sufragio universal y secreto era el vehículo de definición en un régimen multipartidista. Con un Parlamento de actividad ininterrumpida desde su creación hacía 161 años, donde los Tribunales de Justicia eran independientes del Ejecutivo y en que desde 1833 sólo una vez se había cambiado la Carta Constitucional sin que prácticamente jamás hubiese dejado de ser aplicada. Un país donde la vida pública estaba organizada en instituciones libres y contaba con Fuerzas Armadas de probada formación profesional y de hondo espíritu democrático. Un país de cerca de diez millones de habitantes pero que en una generación dió dos premios Nobel de Literatura, Gabriela Mistral y Pablo Neruda, ambos hijos de modestos trabajadores. Una Patria donde Historia, Tierra y Hombre se fundían en un gran sentimiento nacional.

Un país que emprendió un vuelo espiritual, ideológico y político hasta alturas jamás alcanzadas por nación alguna ante la expectación, simpatía y esperanza de la mayoría de los hombres y mujeres del planeta.

Un país para el cual le estaba reservada una tragedia, carnaval de miedo, dolor y muerte, en una, hasta hoy, incomprensible señal del Destino. Un choque de ideas de inmensa magnitud confundió los espíritus y el metal destruyó la carne y la cal aplastó sus restos.

Para los caídos nuestras lágrimas y nuestro eterno recuerdo. Para ellos, la ofrenda de nuestro Partido, en la convicción de que su sacrificio no fué en vano.

Un Partido científico que hace suya la Verdad y abandona el Error donde quiera que estos se encuentren.

Reverentes ante el Creador pretendemos, sin embargo, mediante la Ciencia acercarnos a El.

Respetuosos de la fé de los hombres por encontrarse esta más allá de los dominios de la Ciencia y por ser el hilo espiritual de la misma que nos une con el Creador, nos declaramos <u>cristianos</u> en la moral, pués toda sociedad que abandona las enseñanzas del maestro encuentra el dolor y la destrucción.

Somos ardientes partidarios y defensores de la <u>Libertad</u>, la <u>Igualdad</u> y la <u>Fraternidad</u> para el ser humano, pués sólo en el imperio de esos valores es posible hacer crecer el árbol de la Ciencia de cuya sabia nos alimentamos, somos partidarios de la Democracia o Soberanía Popular única tierra fértil para la germinación de aquellas semillas.

Somos partidarios de la <u>Correspondencia</u> entre el esfuerzo del Trabajo y el Beneficio fruto del mismo. El beneficio debe corresponder íntegramente al que lo crea con el esfuerzo de sus manos o de su mente.

Somos, en suma, partidarios de los valores más sublimes creados por el Espíritu Humano y nuestro único mérito es y será ponerlos en justo equilibrio y por tanto en perdurable armonía.

Somos un Partido al servicio de nuestros intereses, el interés de los Trabajadores.

Que lo sepan los pueblos, el padre, la madre, los hijos, los hermanos, los novios, los parientes, el sacerdote y el amigo.

Que lo expresen por doquier los pueblos mediante el emblema azul de la Cruz de Cuatro Estrellas.

Existe una realidad hecha voluntad y conciencia de millones de trabajadores que exigen ser oídos y respetados.

Pueblos de la Tierra estamos seguros que sabrán comprender estas palabras.

Es la confianza en nosotros lo que incrementa nuestra fé en los grandes valores de la Humanidad, Es la certeza que esos valores tendrán que prevalecer, no podrán ser destruídos.

EL CIELO VOLVERA A SER AZUL: DE NOCHE LA CRUZ DEL SUR GUIARA NUESTRO CAMINO.

VIVA CHILE VIVA EL PUEBLO VIVAN LOS TRABAJADORES

PARTIDO DE LOS TRABAJADORES DE CHILE

☆

Igualdad ☆ ☆ Fraternidad

☆

Correspondencia

Chile, 4 de Diciembre de 1983.

Acta de Fundación

LA FLORACION

En esta época nacieron mis dos hijos varones Alejandro y Javier y significaron un bálsamo de feliz tranquilidad. Obviamente tuve que oficiar de caballo hasta que me desinflaba. "Influtate papito" me decían para más caballo. Al llegar la noche hacia dormir al mayor en mis rodillas escuchando Urgent de los Foreigners mientras el menor ya hacia tuto junto a su madre.

Mi hermana mayor María Teresa me prestó un libro del esoterista Edouard Schure, Los Grandes Iniciados, de 1889. Un libro hermoso en el que encontré pasajes que me impresionaron profundamente.

"Encontrándose solo en la caverna de Engaddi, Jesús dijo: — ¿Por qué signo venceré a los poderes de la tierra?. — Por el signo del Hijo del Hombre, dijo una voz de lo alto. — Muéstrame ese signo, dijo Jesús. Una constelación brillante apareció en el horizonte, con cuatro estrellas en forma de cruz. El Galileo reconoció el signo de las antiguas iniciaciones, familiar en Egipto y conservado por los esenios. En la juventud del mundo, los hijos de Japhet lo habían adorado como signo del fuego celeste y terrestre, el signo de la Vida con todos sus goces, del Amor con todas sus maravillas. Más tarde, los iniciados egipcios habían visto en él, símbolo del gran misterio, la Trinidad dominada por la Unidad, la imagen del sacrificio del Ser inefable que se despedaza a sí mismo para manifestarse en los mundos. Símbolo a la vez de la vida, de la muerte y de la resurrección, cubría hipogeos, tumbas, templos innumerables. — La cruz espléndida crecía y se acercaba, como atraída por el corazón del Vidente. Las cuatro estrellas vivas se iluminaban como soles de poderío y de Gloria. — "He aquí el signo mágico de la Vida y de la Inmortalidad, dijo la voz celeste. Los hombres lo han poseído en otro tiempo y lo han perdido. ¿Quieres devolvérselo?. — Quiero, dijo Jesús. ¡Entonces, mira!, he aquí tu destino". Bruscamente las cuatro estrellas se extinguieron y volvió la oscuridad. Un trueno subterráneo estremeció las montañas, y, desde el fondo del Mar Muerto salió un monte sombrío terminado por una cruz negra. Un hombre estaba clavado en ella y agonizaba.

Un pueblo demoniaco cubría la montaña y aullaba con ironía infernal: "¡Si eres el Mesías, sálvate a ti mismo!". El Vidente abrió desmesuradamente los ojos, luego cayó hacia atrás, cubierto de sudor frío; pues aquel hombre crucificado, era él mismo... Había comprendido. Para vencer, era preciso identificarse con aquel doble terrible, evocado por él mismo y colocado ante sí como una siniestra interrogación. Suspendido en su incertidumbre, como en el vacío de los espacios infinitos. Jesús sentía a la vez las torturas del crucificado, los insultos de los hombres y el silencio profundo del cielo. Puedes tomarla o dejarla, dijo la voz angélica. Ya la visión se esfumaba y la cruz fantasma comenzaba a palidecer con su ejecutado, cuando de repente Jesús volvió a ver a su lado a los enfermos del pozo de Siloé, y tras ellos todo un pueblo de almas desesperadas que murmuraban, con las manos juntas: "Sin ti, estamos perdidas. ¡Sálvanos, tú que sabes amar!". Entonces el Galileo se levantó lentamente, y, abriendo sus amorosos brazos, exclamó: "¡Sea conmigo la cruz, y que el mundo se salve!" En seguida Jesús sintió como si se desgarrasen todos sus miembros y lanzó un (Edouard Schure – Los Grandes Iniciados 352) grito terrible... Al mismo tiempo, el monte negro desapareció, la cruz se sumergió; una luz suave, una felicidad divina inundaron al Vidente, y en las alturas de lo azul, una voz triunfante atravesó la inmensidad, diciendo: "¡Satán ya no reina!. ¡La Muerte quedó dominada!. ¡Gloria al Hijo del Hombre!. ¡Gloria al Hijo de Dios!".

Una noche escuché en Radio Moscú la entrevista a Danilo Bartulín, médico personal de Allende, que estuvo presente junto a él en la Moneda el día del Golpe y quien describió la siguiente escena. Allende, en su despacho y próximo a su muerte, con la mirada perdida en el ventanal murmurando... "Tres traidores,...tres traidores,... tres traidores... "

Resulta inevitable asociar la escena con la leyenda de Hiram Abif ampliamente difundida y usada en las exaltaciones a la Maestría Masónica. El Maestro Hiram, el constructor del Templo de Salomón, es acechado al terminar las labores por tres malos compañeros quienes indebidamente pretenden conocer la palabra secreta que les permitiría acceder a los beneficios propios de la maestría.

Es conminado a revelar la palabra, bajo amenaza de muerte, a lo que se niega en tres oportunidades siendo atacado con una regla, luego con una escuadra y finalmente por un mazo que en definitiva le ocasiona la muerte. Los tres traidores, que representan la ignorancia , el fanatismo y la ambición, asustados transportan el cadáver a un sepulcro donde junto a la tierra removida dejan una rama de acacia. Al faltar el maestro, nueve compañeros emprenden la búsqueda que termina con éxito. El más viejo con **sabiduría levanta** el cadáver que luego es llevado a Salomón quien le da digna sepultura. Los traidores pagan por su crimen. La leyenda representa la inmortalidad por cumplimiento del deber.

En esta búsqueda de significados profundos de la tragedia vivida, encontré otro pasaje impresionante en la obra de Schure de los Grandes Iniciados:

"Aquel de los cuatro Evangelios que nos ha transmitido mejor la enseñanza esotérica del maestro, el de Juan, nos impone esta interpretación, tan conforme por otra parte con el genio parabólico de Jesús, cuando nos cuenta estas palabras del maestro: "Tendría aún que deciros muchas cosas, pero ellas están por encima de vuestro alcance... Os he dicho esas cosas por medio de semejanzas; pero el tiempo viene en que no os hablaré ya por medio de estos rodeos, sino que os hablaré abiertamente de mi Padre". La promesa solemne de Jesús a los apóstoles se refiere a cuatro objetos, cuatro esferas crecientes de la vida planetaria y cósmica: la vida psíquica individual; la vida nacional de Israel; la evolución y el fin terrestres de la humanidad; su evolución y su fin divinos. Examinemos uno a uno esos cuatro objetos de la promesa, esas cuatro esferas de donde irradia el pensamiento del Cristo antes de su martirio, como un sol poniente, que llena de su gloria toda la atmósfera terrestre hasta el zenit, antes de lucir en otros mundos.

1. El primer juicio significa: el destino ulterior del alma después de la muerte, el cual es determinado por su naturaleza íntima y por los actos de su vida. Más arriba he expuesto esta doctrina, a propósito de la conversación de Jesús con Nicodemo. En el Monte de los Olivos dijo sobre esto a sus apóstoles: "Vigilaos a vosotros mismos, tened cuidado que vuestros corazones no se apesadumbren por la concupiscencia y ese día os sorprenda". (Lucas, XXI, 34). Y también: "Estad preparados, pues el Hijo del Hombre vendrá a la hora que menos penséis". (Mateo, XXIV, 66).
2. La destrucción del templo y el fin de Israel. "Una nación se elevará contra otra... Seréis entregados a los gobernantes para ser atormentados... Os digo en verdad que esta generación no pasará sin que todas esas cosas lleguen". (Mateo, XXIV, 4-34).
3. **El objetivo terrestre de la humanidad, que no se ha fijado en una** (Edouard Schure – Los Grandes Iniciados 374) **determinada época, sino que debe ser alcanzado por una serie de cumplimientos escalonados y sucesivos. Ese objetivo es el advenimiento del Cristo social, o del hombre divino sobre la tierra; es decir, la organización de la Verdad, de la Justicia y del Amor en la sociedad humana, y por consecuencia la pacificación de los pueblos.** Isaías había ya predicho esa época remota en una visión magnifica que comienza por estas palabras: "Por mí, viendo sus obras y sus pensamientos, vengo para reunir todas las naciones y todas las lenguas; ellas vendrán y verán mi gloria, y pondré mi signo entre ellas, etc". (Isaías, XXIV, 18-33). Jesús, completando esta profecía, explica a sus discípulos cual será ese signo. Será la revelación completa de los misterios o el advenimiento del Espíritu Santo, que él llama el Consolador o "el Espíritu de Verdad que os conducirá en toda verdad". "Y rogaré a mi Padre, que os dará otro Consolador, para que eternamente viva entre vosotros, a saber, el Espíritu de Verdad, que el mundo no puede recibir porque no lo ve; pero vosotros lo conocéis ya porque habita en vosotros y estará en vosotros". (Juan, XXIV, 16-17). **Los apóstoles tuvieron esa revelación por anticipado; la humanidad la tendrá más tarde, en la serie de los tiempos. Pero cada vez que ella tiene lugar en una conciencia o en un grupo humano, les traspasa de parte a parte y hasta el fondo. "El advenimiento del Hijo del Hombre será como un relámpago que sale de Oriente y va hasta el Occidente". (Mateo, XXIV, 27). Así, cuando se enciende la verdad central y espiritual, ilumina a todas las otras y a todos los mundos.**

Complementando lo señalado por Shure, tres citas del Nuevo Testamento.

(Mateo,XXIV, 28) Porque donde quiera que estuviere el cuerpo muerto, allí se juntarán las águilas. (Lucas XVII,24) Porque, como relámpago fulgurante que brilla de un extremo a otro del cielo, así será el Hijo del hombre en su Día. (Lucas XVII,36) Y le dijeron: «¿Dónde, Señor?» El les respondió: «Donde esté el cuerpo, allí también se reunirán las águilas.»

Continuando con Schure.

4. El Juicio final significa el fin de la evolución cósmica de la humanidad o su entrada en un estado espiritual definitivo. Esto es lo que el esoterismo persa había llamado la victoria de Ormuzd sobre Ahrimán o del Espíritu sobre la materia. El esoterismo indo lo llama la reabsorción completa de la materia por el Espíritu o el fin de un día de Brahmá. Después de millares y millones de siglos, debe llegar una época, en que, a través de la serie de encarnaciones y reencarnaciones, nacimientos y renacimientos los individuos de una humanidad entren definitivamente en el estado espiritual o bien queden aniquilados como almas conscientes por el mal, es decir, por sus propias pasiones, que simbolizan el fuego de la gehena y el rechinar de

dientes.   “Entonces el signo del Hijo del Hombre aparecerá en el cielo. El hijo del Hombre vendrá sobre la nube. Enviará a sus ángeles con un gran sonido de trompetas y reunirá a sus Elegidos de los cuatro vientos”. (Mateo, XXIV, 30-31). El Hijo del Hombre, termino genérico, significa aquí la humanidad en sus representantes perfectos, es decir, el pequeño número de aquellos que se han elevado al rango de Hijos de Dios. Su signo es el Cordero y la Cruz, es (Edouard Schure – Los Grandes iniciados 375) decir, el Amor y la Vida Eterna.

Complementando lo que señala Schure, otra cita bíblica que comprendí después en el transcurso de mi vida.

(San Juan III 1-7) 1. Habia un hombre de los fariseos que se llamaba Nicodemo, un principal entre los Judios. 2. Este vino a Jesús de noche, y le dijo: Rabí sabemos que has venido de Dios como maestro; porque nadie puede hacer estas señales que tu haces, si no esta Dios con él. 3. Respondió Jesús y le dijo: que el que no naciere de nuevo, no puede ver el reino de Dios. 4. Nicodemo le dijo: ¿Cómo puede nacer un hombre siendo viejo? ¿Puede acaso entrar por segunda vez en el vientre de su madre, y nacer.? 5. Respondió Jesús: De cierto, de cierto te digo que el que no naciere de agua y del Espíritu, no puede entrar en el reino de Dios. 6. Lo que es nacido de la carne, carne es; y lo que es nacido del Espíritu , espíritu es. 7. No te maravilles de que te dije: Os es necesario nacer de nuevo.

A estas alturas de mi vida falleció mi madre, como homenaje a su cariño y enseñanzas, en su funeral con la mano en el corazón, me comprometí a no renunciar jamás a la flor que dejó en mí.

LA ILUSIÓN DE LA POLINIZACIÓN

Luego de mi trabajo en la Universidad del BíoBío, con los colegas más cercanos, con los que tenían afinidad política, les contaba mis ideas. Nos llamábamos los cuatro puntos pero nunca se llegó a algo demasiado serio.
En este período conseguí el apoyo de mi Universidad para realizar estudios de postgrado en la Universidad de Concepción, los que finalmente me permitieron alcanzar el Doctorado en Ciencias con mención Química luego de una Estadía en Darmstadt, Alemania y coincidiendo con el retorno a la Democracia.

En cierta oportunidad al regresar Alicia de su trabajo en el Hospital, me contó que el comentario del día entre los médicos era que don Edgardo había formado una nueva Logia en el extranjero y que habría invitado a algunos y varios otros no y que éstos estaban "con cuello", o sea sentidos o despechados.
La noticia me impactó profundamente y como creo en el poder de la razón o bien soy un tanto iluso me atrapó el convencimiento que aquella logia debía tratarse de un equivalente de mis pensamientos.

Después hubo un encuentro político en el foro de la Universidad de Concepción donde don Edgardo fue el orador principal y mostró su dolor por la pérdida de su hijo Miguel. ¨ Le dije que no siguiera tal camino, que uno que valía mucho menos que él le daría la muerte¨ señaló. Le envié una nota con la dirigente en cuya casa se hospedaba. Me presentaba, que nos saludábamos en la avenida Roosvelt camino a la Universidad le decía, quien fue mi padre, que estaba enterado de una nueva Logia por él formada y le preguntaba. ¿Es digna de Aquél ?. Pasó el tiempo y no hubo respuesta.

Pasados los días, los ex alumnos del Liceo Nº1 Enrique Molina Garmendia le hicieron a don Edgardo acto de reconocimiento. Terminado éste, seguí el auto de don Edgardo y me acerqué y le dije: Don Edgardo, soy Alejandro Llanos y le envié una nota acerca de la logia. Asintió y quedo a la espera. ¿Tiene algo de marxismo ?, pregunté. Nada de marxismo, nada de política fue la seca respuesta. No era la respuesta que yo esperaba pero más pudo mi instinto gregario o la curiosidad y le respondí . ¡ Sí !. Habla con OM me dijo y me dió una dirección.

Acudí presuroso tras las señas y pregunté por OM. Un respetable señor me atendió y le dije, vengo a hablar de Libertad Igualdad y Fraternidad. Entonces soy yo me dijo sonriendo, pase. Entré a su oficina que era también su lugar de trabajo y me ofreció asiento. Vengo de parte de don Edgardo Enríquez le dije. ¡Ah! viene bien recomendado comentó. No vengo recomendado, sólo me dio su nombre le corregí . Hablamos de cosas ya conocidas y al terminar me pidió el número de teléfono, lo llamaremos me dijo. Y nos despedimos. Pronto recibí una llamada en que me citaron para una entrevista. Me recibieron amablemente una señora y un caballero y conversamos. Les mostré el logo de la divisa y les dije: Este es Allende y no voy a renunciar a aquello. Se lo prometí a mi madre. Guárdalo me dijo la señora gentilmente.

Al poco tiempo me comunicaron la fecha y el lugar de mi incorporación a la Masonería. La ceremonia de mi iniciación fue emocionante no sólo por los actos realizados y que ya han sido narrados más de una vez sino que en forma especial cuando me permitieron ver la Luz y cuando, al finalizar la ceremonia, de una columna habló un varón de mi padre y luego, de la otra columna, habló una dama de mi madre mientras la amable señora me apretaba el brazo para que controlara mi emoción.
Me hicieron entrega de un mandil blanco, guantes blancos, la Constitución del Gran Oriente Latinoamericano (GOLA) y una rosa roja que obsequié a mi esposa.

La Constitución señalaba que la Institución tenía por divisa Libertad, Igualdad y Fraternidad y en consecuencia combatía la explotación del Hombre por el Hombre , los privilegios y la intolerancia. La lectura de aquel texto me provocó gran satisfacción pues como yo había intuido debería tener algo de marxismo.
Me convencí que mi Logia Chanale Che Mapu Nº5 (Tierra de hombres libres) era tierra fértil y calzaba perfectamente con el concepto de Masonería del siglo XXI como se señalaba.
Mi ascenso de grados desde Aprendiz a Compañero y Maestro fue rápido en la medida que se presentaban los trabajos que siempre apuntaban a la idea. No sin razón mi padre me dijo que era de " idea fija" aunque creo que desde un punto de vista psicológico ciertamente exageró.

LA POLINIZACION FRACASADA

Con el pasar del tiempo me fui percatando de una total desconexión del trabajo de Logía y el combate a la explotación del Hombre por el Hombre. Mis trabajos no tenían la recepción por mi esperada. Recibimos muchas visitas de hermanos de otras Logias tradicionales que con un matiz de aprobación nos decían que éramos idénticos a ellos. En un ágape el hermano Anselmo manifestó que su misión era derribar todos los muros que separaban al GOLA de la Masonería tradicional. En mi turno señale que yo reconstruiría todos los muros que el hermano Anselmo hubiese derribado.

Alcanzada la Maestría empecé a indagar las incongruencias del trabajo de logia y la redacción constitucional. Solicité a un pariente cercano que tenía acceso a la Biblioteca Masónica de Santiago el registro de diferentes redacciones constitucionales de la Masonería chilena y entre otras recibí las de 1956 y la de 1972 que yo conocía.

Gran sorpresa fue corroborar que la declaración constitucional del GOLA correspondía exactamente a la de 1956. La evidencia que la declaración constitucional de mi Logia no era original o propia sino que correspondía fielmente a la de una época muy anterior me llevó a concluir que en la concepción del GOLA no hubo un trabajo acabado que se desprendiera de los sucesos de 1973.

La consecuencia marxista de la divisa (que tampoco es tal) fue un apéndice que la Masonería agregó en 1956, tiempos en que la revolución cubana captaba la mente de la sabia nueva de la masonería y obviamente con el propósito de evitar el éxodo juvenil.

Tampoco escapó de mi atención que la última redacción sustituyera el apéndice marxista por "propugna la Justicia Social", en 1972, en pleno gobierno de la Unidad Popular y a un año del Golpe de 1973. Es de imaginar el grado de confrontación que significó tal modificación y además deja de manifiesto el "poder predictivo" de la mayoría.

Convencido de la fuerza de mis argumentos intensifiqué mis acciones mostrando la lógica de la necesidad de transformación de la divisa y un cambio acorde a ello en la redacción del párrafo constitucional. En verdad me dirigí a maestros más antiguos no obteniendo acuerdo con mis planteamientos si no que más bien objeciones, que a decir verdad, carecían de valor. En lo sucesivo continué adoptando posturas diferentes de la cúpula y percibí un enfriamiento de las relaciones con maestros de influencia en la conducción de la logia.

A continuación muestro un extracto de un trabajo leído en Tenida y que es un buen reflejo de cómo se daban las cosas.

" El invierno se aproxima, caen la tarde y el frío. Afuera los arboles desnudos y los pájaros ausentes sobre una alfombra café amarillenta de hojas caídas. A lo lejos los humos de casas vecinas y el sonido distante del golpe de un hacha preparando los trozos para el fuego.

El iniciado cubre sus hombros con una lana, toma su guitarra y sale como es su costumbre hacerlo, camina hasta la higuera y toma asiento en el tronco de un árbol caído. En verdad, desde algún tiempo no siente ganas de tocar sus melodías y mira en cambio las estrellas que empiezan a aparecer en la noche.

Sobre él las Tres Marías y al poniente el brillante lucero de la tarde. Hacia el Sur la Cruz de Estrellas que la era muy familiar, saluda a cada una de ellas por su nombre y estas parecen responderle titilando con más intensidad.

Ya la noche cayó completamente y la oscuridad es total. De pronto una luminosidad creciente por el Oriente y las estrellas se esconden tímidamente en ella. Es la Luna Llena la que emerge como un inmenso disco de luz amarillenta. De inmediato viene a la mente del iniciado el recuerdo del eclipse total del Sol de aquel día. Como se vino la noche, en pleno mediodía, dejando a la gente entre tinieblas. Esa oscuridad fue la que hizo que olvidara sus canciones.

Avanzaba la noche y la Luna subía lentamente, el iniciado siente un impulso, se levanta y le grita la palabra. La Luna lo mira con su cara redonda y blanca. Transcurre el tiempo y ya la Luna más arriba, de nuevo se levanta y le grita la palabra. La Luna lo mira con su cara redonda y blanca. Ya muy tarde, cuando la Luna está sobre su cabeza le grita aún más fuerte y ésta, impertérrita, lo sigue mirando con su cara redonda y blanca. El iniciado siente un intenso frío y en ese momento comprende su error. La palabra no se pronuncia sino se deletrea. En este caso él debe decir la primera letra y esperar que la Luna se la repita.

El iniciado toma la guitarra y envuelta en una nota musical envía la primera letra. Sabe que a la noche siguiente la Luna le responderá repitiéndola.

Más reconfortado el iniciado vuelve al abrigo de su casa. Al acostarse y antes de dormir piensa que la palabra estará completa en un mes, cerca de la próxima Luna Llena, en el solsticio. Aquella noche, a medianoche, florecerá la higuera y también, con una melodía, junto a la Cruz de la Tumba brotará la Rosa de aguzadas espinas."

En verdad un buen número de hermanos no participaba de la idea del acercamiento con la logia tradicional o bien con la política de crecimiento de la Orden, formando otra Logia, en vez de apuntar a una mayor y mejor definición del rumbo adoptado. Sorpresivamente en una tenida de tercer grado el tema giró en torno de esos asuntos. Mi postura fue trabajar por una mejor definición y aun cuando no presenté mi propuesta, OM señalo que mi propuesta no sería aceptada. La intervención de OM, sin entrar en análisis de la misma y pormenores, significó que presentara mi renuncia indeclinable al GOLA. La renuncia, que no estuvo exenta de tristeza, en lo fundamental la adopté por respeto a mi padre y a don Edgardo, ambos ya fallecidos.

NO ESTABAMOS EN EPOCA

Cuando fui a entregar mi renuncia al GOLA estaban en mi mente las últimas palabras de Salvador Allende en su famoso y póstumo discurso. Viva Chile, viva el pueblo, vivan los trabajadores. Evidentemente no me sentía derrotado aunque no tenía para nada claro el futuro curso de acción.

En un primer momento me dediqué analizar las causas del fracaso. El efecto paradigma, aquel que impide que las organizaciones se abran a transformar sus estructuras y costumbres fue una primera explicación pero luego reparé en razones políticas. El momento político que existía en el momento de mi renuncia correspondía al del retorno a la democracia luego de la dictadura militar. Mi Logia estaba controlada por militantes del Partido Socialista que desde un punto de vista político se habían transformado. En ellos imperaba la nueva doctrina del socialismo renovado que en el fondo fue un abandono de las ideas marxistas y una adscripción a la social democracia. Así, los principios de la vía chilena al socialismo les pareció un asunto fuera de tiempo y lugar.

PREPARACION DE LA TIERRA

Transcurrido el tiempo y luego de intentos fallidos de reagrupamiento con algunos ex hermanos del GOLA y trabajos preparativos que se muestran posteriormente llegamos al gobierno de don Ricardo Lagos. En ese momento me encontró un antiguo conocido de los tiempos de la UP, don Sergio Constanzo Constanzo que ya en esos tiempos trabajaba en la Librería Matus y ya pronta ésta a su desaparición. Cuando me encontró continuaba en su trabajo de venta de libros en calle Colo Colo y me mostró un gran interés por asuntos de la Masonería. Por razón de su trabajo era un gran lector y poseía una vasta cultura de temas históricos y esotéricos. Pronto me manifestó interés por participar en una Logia. La respuesta lógica que le di era que, la única forma en que podía ayudarlo sería mediante la formación de una Logia no masónica en que ambos participaríamos. La dependencia, a través de carta patentes de otras potencias sobre todo extranjeras, era algo yo resistía y me tendría sin cuidado. Sergio aceptó la propuesta y con la colaboración, más por amistad que convencimiento del hermano EJ, formamos un triángulo inicial con limitaciones de ritual pero que para Sergio y para mí tuvo fuerte carga emocional. La participación de EJ fue efímera y la actividad declinó.

Estábamos en el momento de establecer los Fundamentos de nuestra Sociedad y así lo hicimos y a continuación el resultado de nuestro trabajo

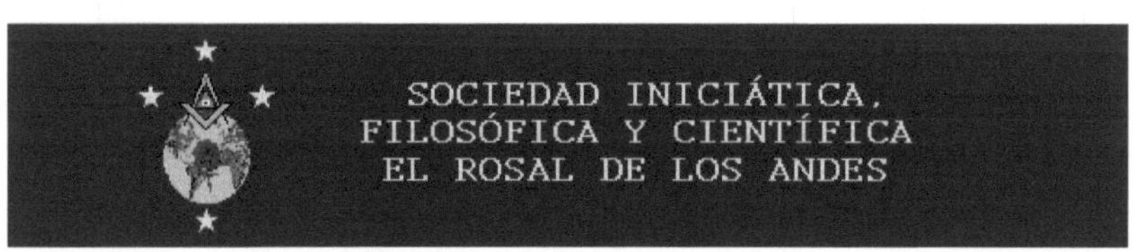

La Sociedad iniciática, filosófica y científica, EL ROSAL DE LOS ANDES es una moderna *organización humana* que participa de la *extrahumanamente* creada **Religión**, *única y eterna, de búsqueda y apego* a la **Verdad**.

Hace de la **Obra de la Creación** su **Templo,** confiriendo carácter *sagrado* a todo lo perceptible y especialmente a toda forma de **Vida** junto al **Medio Natural** que la sustenta.

Sus miembros son personas de *cultivado intelecto* que, nacidos a la *vida espiritual* buscan mediante la **Doctrina Iniciática, la Razón y la Ciencia**, con afán y sin intermediarios, las *manifestaciones* del **Ser Creador.** Respetuosos de ellas y de la *propia* **Fe** así adquirida, contribuyen en plenitud a la realización de la Obra. Con éste fin se preparan mediante el *mutuo autoperfeccionamiento* para la comprensión y práctica de las esencias doctrinales iniciáticas, de las normas de la **Moral** y la **Ética**, de las **virtudes**, de los conocimientos de la realidad integral y aspiran hacer éste extensivo a *toda la humanidad* para felicidad de la misma.

Como organización iniciática es fiel heredera de la antigua *doctrina* homónima que han profesado los *Grandes Iniciados* creadores de religiones y las *Instituciones Iniciáticas* de todo tiempo, la que concilia con la *Filosofía* y la *Moderna Ciencia* haciendo suya todas las Verdades que los *Maestros* han entregado ya sea en el orden espiritual, material, intelectual, social o natural.

En procura de alcanzar la Verdad exige la **Tolerancia** o el respeto de toda *fe religiosa, cosmovisión* o *convicción intuitiva* de orden metafísico o físico aunque no las libra del *necesario racional examen* y por lo tanto rechaza todo fanatismo. De igual modo exige, una vez alcanzada una Verdad o idea probada científicamente, el total acatamiento de la misma y rechaza inhumanos disensos. En consecuencia no prohibe y no impone a los iniciados miembros determinada concepción metafísica alguna, pero invoca en ellos la depuración personal de sus convicciones alejando los *dogmas* o preceptos que contrarían la doctrina y propia razón, a la vez que les exige el apego a las verdades establecidas reclamando la *acciones consecuentes.*

La búsqueda y apego a la Verdad dan a la organización un carácter ***laico, progresista*** y *generador* del **Cambio** debiendo tener éste carácter *evolucionista y pudiendo llegar a ser revolucionario* dependiendo del significado de la Verdad alcanzada.

La Sociedad encamina su humana labor hacia la **Verdad y el Bien** y en oposición al *Error y el Mal* y en consecuencia requiere *estructuras organizativas* especiales que garanticen, aún en épocas de adversidad, la *continuidad* de su labor y la *seguridad* a sus miembros. Por igual razón su labor de proselitismo, afiliación, membrecía, estudio, investigación y acción permanece en la más ***absoluta reserva*** a fin de su cautela.

Tiene por última misión construir una Sociedad Humana donde imperen, en base a *Cartas de Derechos Humanos y Sociales*, los valores de la **Verdad,** el **Amor** y la **Plena Justicia**.

Conforme a los dictados de la *Doctrina y de la Razón* proclama que tal imperio advenirá logrando el ***equilibrio*** entre los principios de **Fraternidad, Libertad, Igualdad, Correspondencia y Vida**, cuerpo de principios que la Organización establece como *divisa.*

La Sociedad asume el *compromiso de conducción* de los procesos tendientes a tal objetivo o misión y al mismo tiempo adhiere al sistema político de **Democracia** y al estado social de **Paz.** En consecuencia y teniendo en vista el carácter sagrado especial que para la organización tiene la *persona humana,* establece la necesidad de un vigoroso **proselitismo,** sin *discriminaciones* de índole *racial, social, cultural, económica y de género* pero que ofrezca perspectiva cierta de la comprensión de la doctrina iniciática, de la lógica, de la metodología científica, de la misión y la observancia de los principios sustentados.

La Sociedad tiene por primera misión la incorporación de adeptos, éstos ingresan a ella mediante una *ceremonia de iniciación*, por proposición y aceptación interna, comenzando una *educación progresiva* mediante tradicionales y modernas técnicas de enseñanza- aprendizaje. Dentro del marco de un *Programa General de Docencia*, los iniciados gozan de la más amplia *libertad* para abordar *cualquier* índole de materias, encontrando así amplia satisfacción a sus inquietudes espirituales, intelectuales y humanitarias.

La Sociedad propicia la creación de fuertes *lazos fraternales* entre la membrecía, que se reconocen como *hermanos constructores,* y sus *seres queridos* como así también, en la medida de sus posibilidades, la **Solidaridad** con la *Sociedad Profana.*

La Sociedad influye en el *Medio Profano* a través de un **Plan de Influencia Acordado**, que contempla aspectos educacionales, comunicacionales y de transformaciones políticas, sociales y económicas concordantes con los principios, objetivos, estrategias y tácticas organizacionales y siempre ceñidas a la Legalidad y al Estado de Derecho. Este Plan, dado el carácter reservado de la organización, se materializa a través de la acción personal, prudente y oportuna, creativa y moderna de sus miembros que participan en organizaciones y movimientos políticos y sociales de principios afines.

Ante el eventual quiebre del imperio de la Democracia y el Estado de Derecho y la correspondiente conculcación de los Derechos Humanos, la Organización compromete las acciones necesarias tendientes a su restablecimiento y la posterior persecución de las correspondientes responsabilidades.

Fé ⬠ **Sabiduría** ⬠ **Fuerza** ⬠ **Belleza** ⬠ **Lealtad** ⬠

Terminaba el Gobierno de Lagos y la social democracia de pocos impuestos, de buen crecimiento, creciente concentración de la riqueza y de disminución de la pobreza extrema, ya tenía colmados a los flagelantes. Uno de ellos Marco Enríquez-Ominami, hijo de Miguel, líder del MIR y muerto por Dictadura se descolgó de la Concertación para formar un nuevo partido político, el PRO, que en sus comienzos tenía la exquisita indefinición que permitía vastas expectativas. Enríquez-Ominami fue candidato presidencial en la elección del primer gobierno de Piñera. Ingresé al PRO y en sus comienzos me cupo una breve actuación dirigente siendo finalmente desplazado por un sectarismo de izquierda que llevó al partido a ser una social democracia cobradora de impuestos y precursora de la Nueva Mayoría de Bachelet, aunque fuera posteriormente excluido de esta.

PREPARACION DEL ALMÁCIGO

La amistad con algunos dirigentes del PRO me llevó a proponerles la formación de una sociedad o logia que rescatase los principios de la vía chilena al socialismo más otro principio proveniente del ámbito de la ecología. Como jóvenes izquierdistas que eran aceptaron entusiastas la proposición. En ella participaría Sergio que también consintió y así quedó acordado.

Me avoqué a la redacción de un ritual que enfrentara la situación de la iniciación, el trabajo rutinario y rito funerario de la agrupación tratando de conservar al máximo los elementos pedagógicos y de conducción por mí conocidos pero con las adaptaciones de una nueva realidad.

A continuación se muestran los rituales confeccionados de lo cuales el lector podría, con precauciones, omitir la lectura de párrafos repetitivos o que no conciten su interés.

RITUALES

RITUAL DE TENIDA

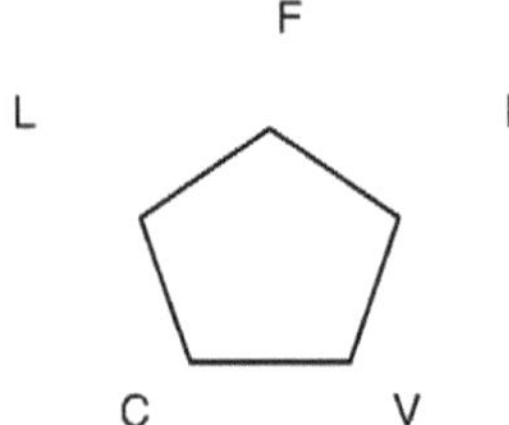

APERTURA

F: (Todos los hermanos de pie y a la orden alrededor de la mesa)

Libertad, eres realmente hermano constructor?

L: Mis hermanos me reconocen como tal, hermano Fraternidad.

F: Cuál es el primer deber de Libertad en Logia?

L: Comprobar que estamos a cubierto de profanos y que podemos trabajar sin temor, hermano Fraternidad.

F: Hermano Libertad, cumple con tu deber.

L: (luego de verificar que no hay indiscretos) Hermano Fraternidad, estamos a cubierto de la indiscreción de profanos y podemos trabajar sin temor. (En caso de *haber indiscretos)* Llueve. *(y comunica al oído a F si son o no candidatos a la iniciación.*

F: Igualdad, eres realmente hermano constructor ?

I: Mis hermanos me reconocen como tal, hermano Fraternidad.

F: Cuál es el primer deber de Igualdad en Logia?

I: Verificar que todos los presentes son iniciados y van en busca de la Verdad.

F: Hermano Igualdad, cumple con tu deber

I: *(Luego de verificar a los presentes mediante el signo el que es respondido)* Hermano Fraternidad, todos los presentes son iniciados y van en busca de la Verdad.

F: Hermano Libertad cuándo los hermanos comienzan el Trabajo en Logia?

L: Al mediodía, Hermano Fraternidad

F: Hermano Igualdad, ¿Qué hora es?

I: Es mediodía, hermano Fraternidad. *(I enciende el cirio central. Antes de comenzar el ritual ha colocado junto a el una Biblia abierta en el evangelio de San Juan, un compás sobre una escuadra, una rosa, un mallete en el lugar de Fraternidad y cinco cirios en los sitiales.*

F: Queridos hermanos, puesto que la hora ha llegado, reiniciamos nuestro caminar hacia la Verdad.

F: *(Prende su vela y la sostiene)* Con **Fe**.

L: *(Prende su vela y la sostiene)* Con **Sabiduría.**

I: *(Prende su vela y la sostiene)* Con **Fuerza.**

C: *(Prende su vela y la sostiene)* Con **Belleza.**

V: (*Prende su vela y la sostiene)* Con **Lealtad.**

F: Iluminados por el **Amor**

F: *(coloca la vela en su soporte)* de la **Fraternidad.**

L: *(coloca la vela en su soporte)* de la **Libertad**.

I: *(coloca la vela en su soporte)* de la **Igualdad**.

C: *(coloca la vela en su soporte)* de la **Correspondencia**.

V: *(coloca la vela en su soporte)* de la **Vida**.

F: *(Fraternidad, con las palmas de las manos da los .. . .. golpes misteriosos y extendiendo la mano hacia el cirio central exclama)*
Con la gracia del Creador mediante, a su gloria y a la gloria de su creación declaro abiertos los trabajos de la logia, en tenida ordinaria *(o extraordinaria)*

¡ A mí, queridos hermanos constructores, por el signo, por la batería y por la aclamación *(Los ejecutan todos al unísono)*

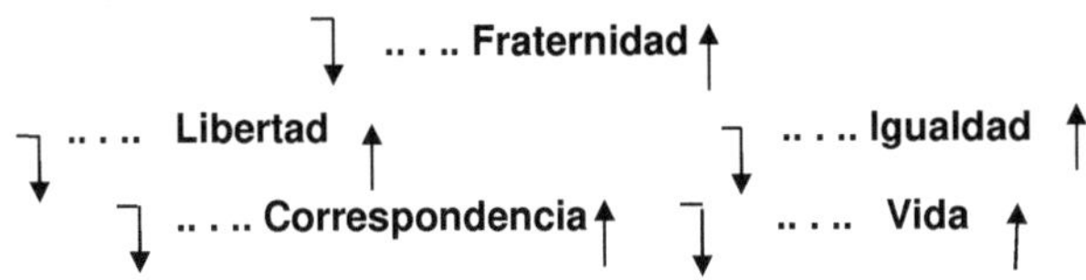

F: Queridos hermanos apagad los cirios *(Todos los hermanos apagan sus cirios quedando encendido sólo el central)*

F: Queridos hermanos, a discreción y tomad asiento.

TENIDA

F: Querido hermano Correspondencia, haced una reseña de nuestra tenida anterior.

C: *(Hace la reseña de pie y al orden, y termina con el signo)*

F: Queridos hermanos ofrezco la palabra.

(Los hermanos hacen uso de la palabra de piey al orden y terminan con el signo, conforme al Programa de la Tenida y al terminar éste:)

F: Querido hermano Igualdad, ¿que reina entre los hermanos?

I: Entre los hermanos reina el silencio, hermano Fraternidad

F: Hermano Vida, haced un resumen de lo tratado en nuestra tenida y danos tu opinión del trabajo realizado

V: *(De pie y al orden, hace el resumen y señala:)* El trabajo realizado fue justo y perfecto, hermano Fraternidad

CIERRE

F: De pie y al orden queridos hermanos.

F: Hermano Libertad cuándo años tenéis de aprendiz

L: Tres años, hermano Fraternidad

F: Hermano Libertad ¿A que hora los constructores aprendices acostumbran a cerrar sus trabajos?

L: A medianoche en punto, Hermano Fraternidad

F: Hermano Igualdad, ¿Qué hora es?

I: Es medianoche, hermano Fraternidad.

F: Queridos hermanos, puesto que la hora ha llegado, continuemos trabajando en el mundo profano…

F: *(Prende su vela y la sostiene)* Con Fé.

L: *(Prende su vela y la sostiene*) Con Sabiduría.

I: *(Prende su vela y la sostiene)* Con Fuerza.

C: *(Prende su vela y la sostiene)* Con Belleza.

V: *(Prende su vela y la sostiene)* Con Lealtad.

F: Iluminados por el Amor

F: (*coloca la vela en su soporte)* de la Fraternidad.

L: *(coloca la vela en su soporte)* de la Libertad.

I: *(coloca la vela en su soporte)* de la Igualdad.

C: *(coloca la vela en su soporte)* de la Correspondencia.

V: *(coloca la vela en su soporte)* a la Vida.

F: *(Fraternidad, con las palmas de las manos da los .. . .. golpes misteriosos y extendiendo la mano hacia el cirio central exclama)*
¡A mí, queridos hermanos constructores, por el signo, por la batería y por la aclamación *(Los ejecutan todos al unísono)*

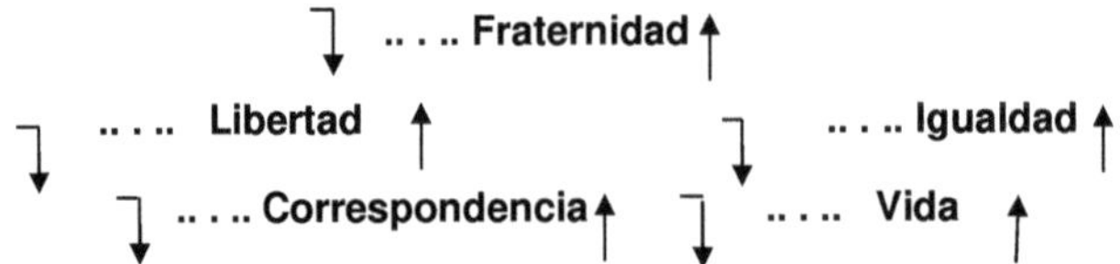

F: Guardemos los símbolos y herramientas.

(Todos apagan sus velas) (I cierra la Biblia, guarda el compás y escuadra y la rosa, luego apaga el cirio central)

F: Retirémonos en paz y bajo la ley del silencio (Variante cierre con despedida fúnebre)

F: Queridos hermanos, formemos la cadena de unión

(Los hermanos forman un pentágono, cruzando los brazos sobre el pecho se toman de ambas manos)

F: Hermano Libertad ¿está cerrada la cadena?

L: La cadena está cerrada, hermano Fraternidad

F: Hermano (L o I o C o V) Tienes la palabra para expresar una exhortación, deseo o sentimiento.

L: o I:o C: o V: Gracias hermano Fraternidad.

(Expresa la exhortación, el deseo o el sentimiento.)

F: Que así sea.

(Todos levantando cada vez los brazos entrelazados exclaman)

Salud ⬠ , Trabajo ⬠, Orden⬠ , Perseverancia ⬠ , Unión ⬠

(Aplausos)

RITUAL DE INICIACION

OBSERVACIONES PRELIMINARES

Uno de los trabajos más importantes que verifica una Logia es el que da por resultado el ingreso de los profanos en la Sociedad el Rosal de los Andes. El acto debe revestir la mayor seriedad, y durante la recepción conviene guardar el más absoluto silencio y el debido respeto, cualesquiera que sean las ideas que exprese el profano en sus contestaciones.

Ningún hermano tiene derecho a dirigir la palabra a los profanos salvo aquellos y en los términos expresamente señalados por el ritual

Durante la recepción quedan prohibidas terminantemente la entrada y salida de los hermanos del recinto de tenida , a no ser de absoluta necesidad, y en este caso se efectuará silenciosamente y con la venia de Fraternidad.

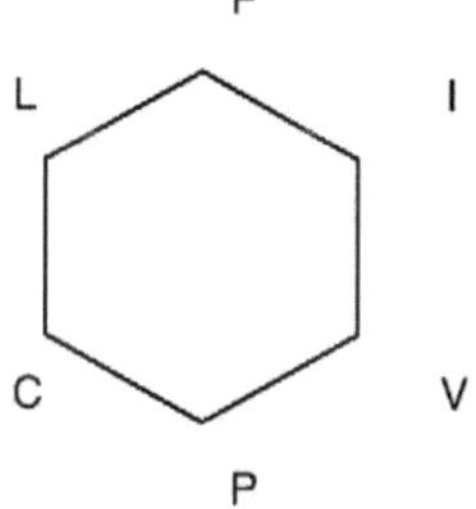

(El profano P o neófito es recibido por el proponente, Igualdad, en la puerta del recinto. Inmediatamente es privado de la visión mediante una venda. Luego el profano es conducido por Igualdad a su sitial P.

Todos los hermanos de pie y a la orden alrededor de la mesa.)

F: Libertad, eres realmente hermano constructor?

L: Mis hermanos me reconocen como tal, hermano Fraternidad.

F: Cuál es el primer deber de Libertad en Logia?

L: Comprobar que estamos a cubierto de profanos y que podemos trabajar sin temor, hermano Fraternidad.

F: Hermano Libertad, cumple con tu deber.

(Libertad recorre inspeccionando los alrededores del recinto)

L: Llueve. *(y comunica al oído a F que el profano es candidato a la iniciación)*

F: Hermano Igualdad, eres realmente hermano constructor ?

I: Mis hermanos me reconocen como tal, hermano Fraternidad.

F: Puesto que llueve ¿cuál es el primer deber de Igualdad ?

I: Protegernos, hermano Fraternidad.

F: Hermano Igualdad, cumple con tu deber

I: *(Luego de verificar a los presentes mediante el signo el que es respondido cuando corresponda)* Hermano Fraternidad, todos han respondido al signo , son iniciados y van en busca de la Verdad.

F: Hermano Libertad ¿Cómo podéis explicar la presencia de un extraño entre nosotros?

L: Es un profano que desea penetrar en nuestros augustos misterios, Hermano

Fraternidad

F: Hermano Libertad, decidle que se vaya y que para nada lo necesitamos.

(Libertad se acerca al profano y le toca con el puñal en la garganta).

L: Lo que sentís es un puñal que representa el remordimiento que sentiréis si nos traicionas. ¿Insistes o desistes en ser iniciado? (En caso de desistir Igualdad lo conduce a la salida, le quita la venda y lo despide)

(En caso de insistencia) Hermano Fraternidad, el profano insiste en ser iniciado.

F: ¿ En qué funda sus pretensiones? ¿Quién responde por él?

I: Yo que le conozco, y sé su honradez y buenas costumbres

F: Hermano Igualdad, ¿Qué hora es?

I: Está amaneciendo, hermano Fraternidad. *(I enciende el cirio central)*

(Antes de comenzar el ritual, ha colocado frente al sitial del profano, el delta del ojo que todo lo ve y los elementos representativos de la muerte, cruz y calavera o esqueleto con la leyenda "Yo fui como tú eres, tu serás como yo soy", una Biblia abierta en el Evangelio de San Juan, un compás sobre una escuadra, una rosa y un mallete en el lugar de Fraternidad, tres puñales en los lugares de Fraternidad, de

Libertad y de Igualdad , un recipiente pequeño con agua cercano a P y un cirio central encendido y cinco cirios apagados en los respectivos sitiales.

F: Puesto que la hora ha llegado, comencemos nuestro caminar hacia la Verdad guiados por la luz del Amor. Proceded con la purificación por el Aire

(Libertad toma su puñal con la mano derecha y tomando al neófito con la izquierda lo levanta y lo conduce un giro antihorario o a la izquierda en torno de la mesa y lo vuelve al lugar original. Aventa su cara con la palma de la mano izquierda y le señala)

L: Os purifico por el aire. Tomad asiento *(Libertad regresa a su sitial)*

F: Proceded con la purificación por el Agua.

(Igualdad toma su puñal con la mano izquierda y tomando al neófito con la derecha lo levanta y lo conduce un giro horario o a la derecha en torno de la mesa y lo vuelve al lugar original. Moja sus dedos de la mano derecha en el agua y la aplica sobre la frente del neófito y le señala)

L: Os purifico por el agua. Tomad asiento *(Igualdad regresa a su sitial)*

(Fraternidad toma su puñal con la mano derecha y tomando al neófito con la izquierda lo levanta y lo conduce un giro antihorario o a la izquierda en torno de la mesa y lo vuelve al lugar original. Tomando la mano derecha del neófito acerca por debajo la llama del cirio central a la palma de la mano del neófito sólo lo suficiente para que perciba el calor)

L: Os purifico por el fuego. Tomad asiento *(Fraternidad regresa a su sitial)*

F: Habiendo sido purificado por aire, agua y fuego, el profano es digno de recibir la luz del Amor. Queridos hermanos ¿qué pedimos para el neófito?

V: *(Prende su vela y la sostiene)* ¡La luz !

C: *(Prende su vela y la sostiene)* ¡La luz !

I : *(Prende su vela y la sostiene)* ¡La luz !

L: (*Prende su vela y la sostiene)* ¡La luz !

F: (*Prende su vela y la sostiene)* ¡La luz !

(Igualdad toma el puñal y deja su cirio encendido en la mesa y se coloca a las espaldas del profano presto a sacar la venda cuando sea ordenado)

F: Neófito, ¿Qué pedís de nosotros?

Neófito: ¡ La luz!

F: La luz os será dada al golpe de mallete.

(Fraternidad da un fuerte golpe de mallete sobre la mesa e Igualdad quita prestamente la venda. (Igualdad regresa a su sitial dejando el puñal y sostiene su cirio

F: *(Luego de un instante necesario para que el iniciando vea y lea la representación de la muerte y su mensaje, Fraternidad toma la Biblia abierta en Evangelio de San Juan y lee* (San Juan III 1-7) l*o relativo al diálogo entre Jesús y Nicodemo. Transcurrido otro instante necesario para que el iniciando comprenda el mensaje bíblico, Fraternidad coloca la rosa junto a la cruz de la tumba. Transcurrido otro instante para la reflexión final…… el Ritual continúa)*

F: Adornemos nuestra vida espiritual

F: *(Regresa su vela encendida a la mesa)* Con Fe.

L: *(Regresa su vela encendida a la mesa)* Con Sabiduría.

I: *(Regresa su vela encendida a la mesa)* Con Fuerza.

C: *(Regresa su vela encendida a la mesa)* Con Belleza.

V: *(Regresa su vela encendida a la mesa)* Con Lealtad.

JURAMENTO O PROMESA Y CONSAGRACIÓN

(Fraternidad, con puñal en mano izquierda y mallete en derecha, Libertad con puñal en mano izquierda e Igualdad con puñal en la mano izquierda y Biblia (abierta en Cap. III) en mano derecha se dirigen al Iniciando P)

F: Para ser recibido entre nosotros es necesario prestar un juramento el cual os voy a dar lectura. Repetid conmigo.

"Yo *(nombre y apellidos),* de mi libre y espontánea voluntad, en presencia de esta respetable logia de constructores, juro por mi honor, solemnemente y con sinceridad no revelar jamás ninguno de los misterios de la Sociedad el Rosal que me sean revelados, si no es a un legítimo y buen constructor en una Logia de la Sociedad. Prometo asimismo amar a mis hermanos, socorrerles y prestarles toda mi ayuda en sus necesidades, y verter en su defensa y en la de la Sociedad hasta la última gota de mi sangre.

F: Si así lo hacéis, el Creador os premie, y si no, os lo demande.

(Fraternidad , Libertad e Igualdad cruzan los puñales sobre la cabeza del iniciado)

F: Usando las facultades que nos son conferidas, os instituimos y consagramos Aprendiz Constructor, miembro activo de este Taller, con el número del grado. (Marca con el mallete sobre los metales la batería de Aprendiz (.. .) y continúa:)

F: Ahora, querido hermano, puesto que ya podemos daros ese dulce nombre, recibid el abrazo fraternal que por mi conducto os dan todos los constructores esparcidos por la superficie terrestre.

F: Ahora, os entrego la rosa que nació junto a la cruz de la tumba como testimonio de vuestra iniciación y como muestra de nuestro afecto y confianza en vos. Atesórala y úsala como nosotros hacemos con las nuestras.

(Fraternidad, Libertad e Igualdad regresan a sus sitiales dejando los puñales en la mesa)

F: Hermano Libertad proclamemos a nuestro nuevo hermano.

L: Como Maestro de Ceremonias de este Respetable Taller, proclamo, hasta los confines del dodecaedro , Aprendiz constructor y Miembro activo del Taller al hermano N..........., que se encuentra entre Correspondencia y Vida.

F: Saludemos la llegada del nuevo hermano. Todos de pie y a la orden.

F: ¡A mí, queridos hermanos constructores, por el signo, por la batería y por la aclamación *(Los ejecutan todos al unísono extendiendo la mano hacia el cirio central.*

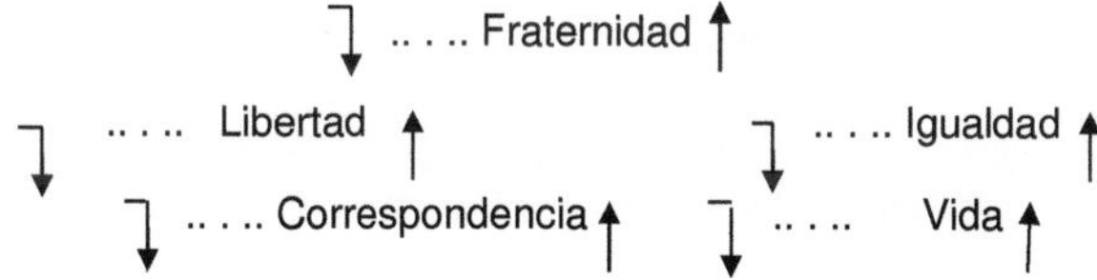

F: Queridos hermanos apagad vuestros cirios y servíos tomar asiento.

(*Todos apagan sus cirios y se sientan, y continúa Fraternidad dirigiéndose al iniciado:* -)

F: Querido hermano. Venid a realizar tu primer trabajo en Logia. Empezar a esculpir tu piedra bruta.

(*Igualdad provee a iniciado de una piedra , un mazo y un cincel)*

F: Nosotros, para reconocernos y trabajar, tenemos signos y palabras especiales, que os lo va a comunicar el hermano Maestro de Ceremonias.

(Libertad se acerca al iniciado y le enseña)

L: ORDEN. — Estando en pie, llevar la mano derecha a la .... y los pies............

SIGNOS. — *De saludo.* — Una vez puesto al orden, retirar la mano horizontalmente hacia el .... y..................

De asentimiento o promesa. — Extender la mano derecha ....

TOQUE. — Dar con el dedo pulgar de la mano derecha ....

MARCHA. Dar .... pasos manteniendo la posición al.............. y terminar con.................

PALABRAS SAGRADAS Se deletrean y se hace que el iniciado las repita ....

PALABRAS DE PASO Se comunican secretamente al oído derecho durante la formación de la cadena de unión.

CADENA DE UNION. — Para contribuir a formarla se cruzan los brazos sobre el pecho, tomando con la mano izquierda la del hermano que esté a la derecha, y con la mano derecha la del que se halla a la izquierda.

SIGNO; BATERIA; Y ACLAMACION *Signo,* ** * ** , aclamación;

EDAD........, años.

HORAS DEL TRABAJO. — De medio día a media noche.

VIRTUDES ANHELADAS

Salud ⬠ , Trabajo ⬠ , Orden ⬠, Perseverancia ⬠ , Unión ⬠

TRAJE. — Mandil y guantes blancos, de piel y con la bayeta levantada.

Libertad regresa a su lugar de trabajo.

F: Ahora, querido hermano, os ruego prestéis atención al discurso que en obsequio vuestro va a pronunciar el hermano Orador. *(Dirigiéndose a Vida)* Tenéis concedida la palabra.

DISCURSO DEL ORADOR

El Orador, Vida pronuncia el discurso que es de práctica.

F: El hermano Secretario (Correspondencia) nos hará recordar la satisfacción con que el Taller ha escuchado el brillante discurso del h.·.Orador.

NOTA. — *Después de terminar su discurso el Orador no se concederá la palabra a nadie, con el propósito de no distraer la atención del nuevo hermano, que se hallará bajo la influencia de la instrucción que ha recibido. Sólo a éste se le podrá conceder trabajo, si lo pidiera, para dar gracias por su iniciación. -*

Se procede al cierre conforme al ritual

CIERRE

RITUAL DE DESPEDIDA FUNEBRE

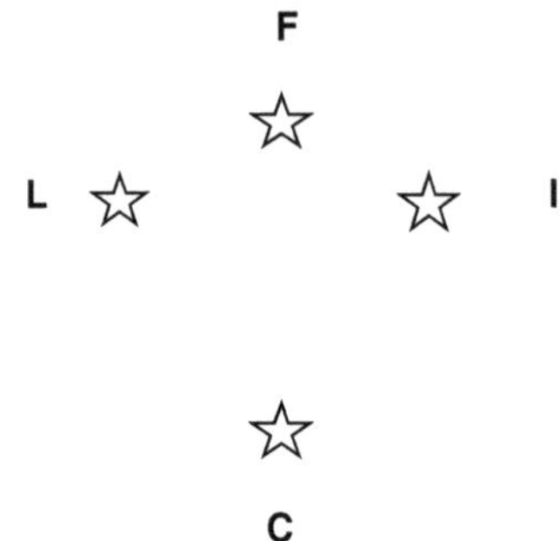

F: Queridos hermanos, formemos la cadena de unión.

(Los hermanos tratan de formar el pentágono u otro polígono mayor, cruzando los brazos sobre el pecho y tomándose de ambas manos, sin embargo Libertad no cierra la cadena con Fraternidad)

F: Hermano Libertad ¿está cerrada la cadena?

L: La cadena está rota, hermano Fraternidad

F: Hermano Libertad ¿cuál es la razón de la ruptura?

L: La cadena está rota pues el hermano............. nos ha dejado, emprendiendo su último viaje, esta vez hacia el Oriente Eterno, hermano Fraternidad

F: Pero ¿lo hemos perdido para siempre?

L: Sus formas visibles se desvanecen pero nos quedan su nombre y su memoria y el ejemplo de sus virtudes y de su benéfica acción.

F: Hermano Libertad, cerremos la cadena de unión y así guardemos un minuto de silencio en memoria del hermano que ha partido.

F: Hermano (L o I o C) Tienes la palabra para expresar una exhortación, deseo o sentimiento.

L: o I:o C: Gracias hermano Fraternidad.

(Expresa la exhortación, el deseo o el sentimiento.)

(Se reitera el ofrecimiento de uso de la palabra tantas veces como necesario. Expresada la última exhortación, deseo o sentimiento.)

F: Que así sea.

(Todos levantando cada vez los brazos entrelazados exclaman)

Salud ⬠ , Trabajo ⬠, Orden ⬠ , Perseverancia ⬠ , Unión ⬠

EL ALMACIGO

Terminado mi trabajo convoque a Sergio y a los hermanos y hermanas AZ, BS y JC a una tenida conforme al ritual de iniciación ya mostrado. Terminado el encuentro en la cadena de unión se expresaron palabras de satisfacción.

El grupo no volvió a reunirse. Dos de los presentes se ausentaron de la ciudad por motivos de trabajo y Sergio sintió afectada su salud. Al poco tiempo nos dejó. Sus restos descansan en una sepultura sencilla del pasaje Las Acacias del Cementerio Municipal de Concepción. Cuando puedo, dejo una rosa junto a la cruz de su tumba.

EL ABONO

Hice comentarios políticos en las columnas de opinión de diversas publicaciones. A raíz de una de ellas fui invitado a tratar un tema político en cuestión con mayor profundidad. Lo hice y el escrito fue publicado por una revista de opiniones electrónica Critica.cl Para comodidad del lector presentaré aquí el tema con las correspondientes actualizaciones.

La Correspondencia, un principio tácito que deviene en explícito.

Resumen

Al alejarse de la ideología marxista, el socialismo chileno abandonó el propósito fundamental de combatir " la explotación del Hombre por el Hombre. Ésta, es la consecuencia de la violación del principio de ***Correspondencia*** entre el Trabajo y el Beneficio. Asimismo ha sustituido el mencionado principio por el concepto de igualdad económica que es el sello de la Social Democracia. De esta forma, el socialismo chileno ha perdido de vista el Trabajo en su pretensión de corregir el que pocos tengan mucho y muchos tengan poco. Como consecuencia de lo señalado, aparece tendencias que de concretarse constituirían graves errores. Del análisis se desprenden nuevas conclusiones que conducen también a diferentes visiones.

Introducción

Un análisis profundo de lo acontecido en política en el último cambio de siglo lleva a visibilizar un principio que en forma tácita permaneció en las mentes de los seres humanos desde los albores de la Humanidad pero que, en las circunstancias actuales y cada vez con mayor fuerza, requiere de su explicitación. ***Es el principio de Correspondencia entre el Trabajo y el Beneficio.***

Encontramos el principio en la bíblica sentencia "ganarás el pan con el sudor de tu frente" y la historia de la Humanidad ha sido, casi, la eterna historia de sus triunfos y derrotas. Cuando en el siglo de las luces los principios se exaltaron a lo sublime, la Libertad, la Igualdad y la Fraternidad fueron consagradas en la divisa, no así la Correspondencia. Con aquellos principios se construyeron la Democracia y el Capitalismo.

Poco más de un siglo tardó la Correspondencia en manifestarse en una nueva explosión social. Lo hizo de manera despreciativa porque no pidió su lugar en la divisa, sino que por el contrario, se sumergió presentándose a la forma de "combate a la explotación del Hombre por el Hombre" y envuelta en una frondosa y poco evolutiva ideología (la marxista).

Con los principios en diferentes trincheras, cada cual con los suyos, conservadores, liberales, socialdemócratas y marxistas protagonizaron una historia de desencuentros en la primera mitad del siglo XX.

En la segunda mitad, aún en medio de las disputas, aparecen acercamientos entre las diferentes posturas políticas. El más notable momento de aproximación de posiciones ocurrió en la denominada vía chilena al socialismo donde ***algunos vieron la presencia conjunta y progresista de los cuatro principios,*** en tanto que para otros fue tan solo una interesada y autodestructiva aproximación de ideologías.

El fracaso de la vía chilena al socialismo, la caída de los socialismos reales, la necesidad de recuperación de la democracia llevo al socialismo a una ***renovación*** que significó un alejamiento de la ideología marxista pero acompañado también del abandono de su principio esencial, el de Correspondencia. ***Los teóricos de la renovación concluyeron que era posible ser socialista sin ser marxista, pero no repararon en que no es posible ser socialista en el sentido acostumbrado, sin adherir al principio de Correspondencia.***

El retorno a la democracia en Chile con la Concertación y el "socialismo" incluido, fue también el de la socialdemocracia, con la presencia del principio de subsidiaridad en la ayuda (fraternidad) y contención del Estado Empresario en lo económico. En lo fundamental se trató de la administración exitosa del modelo económico liberal impuesto por la Dictadura con logros en crecimiento y la superación de la pobreza extrema.

Muy pronto se cayó en cuenta que el sistema incrementaba la diferencia de ingresos entre ricos y pobres pero nadie diagnosticó que la causa era la explotación capitalista. El socialista Ricardo Lagos ganó el tercer gobierno de la Concertación a duras penas con el slogan "Crecimiento con Equidad", pero en medio del debate entre flagelantes y autocomplacientes, la situación no cambió. Lagos muestra la última señal de vida del socialismo cuando pregunta precisamente " ¿Cómo hacemos el socialismo dentro del capitalismo? " La pregunta hasta hoy no tiene respuesta.

La situación no ofrece cambios relevantes sino hasta después del gobierno de derecha de Piñera. La Concertación deviene en Nueva Mayoría con la inclusión del Partido Comunista. Aquí el principio de Igualdad se lleva al terreno económico a la clásica usanza de la socialdemocracia y ésta pasa a ser la base de un nuevo modelo de derechos sociales, gratuitos financiados mediante impuestos y administrados por un aparato estatal preponderante.

El nuevo modelo es zarandeado entre la sensatez, la realidad económica y el populismo. Una vez más los sectores "socialistas" han abandonado el principio de

Correspondencia y el respeto al Trabajo de las personas ha sido el principal damnificado.

El destino de la plusvalía y la explotación

Cuando se asocian el capital y el trabajo se producen los bienes y servicios que se transan en el mercado de acuerdo a la ley de la oferta y la demanda. El capital obtenido en la venta permite el pago del salario para los trabajadores y la ganancia o plusvalía pertenece a los que aportaron el capital.

Según la teoría marxista en la apropiación de la plusvalía se concreta la explotación y de allí, para evitar aquello, se colectivizan tanto capitales como medios de producción. Sin embargo, un análisis más acucioso del destino de la plusvalía lleva a otras conclusiones. Si el destino de la plusvalía es la adquisición de bienes de uso personal para su propietario se configura la explotación, por cuanto existe un beneficio sin haber trabajo adicional de por medio. En cambio, si el dueño de la plusvalía decide destinarla a una nueva inversión, la posibilidad de explotación se extingue pues ya no es posible obtener beneficios personales. Más aún, los beneficiados de una inversión (en un nuevo ciclo) son del sector de los oferentes de trabajo quienes pueden obtener uno o bien, si lo tienen, pueden incrementar sus salario. O sea, en este caso se activa el mercado del trabajo.

Otro destino de la plusvalía aparece cuando el Estado se apropia de ella, junto a otros capitales, mediante impuestos y se destinan a los tradicionales propósitos de bien común. En la gran mayoría de los casos se pagan servicios y financian los sueldos de los trabajadores de las diferentes reparticiones públicas. Aquí el destino final del capital es principalmente el mercado de bienes y servicios pero, al haber trabajo involucrado, no se observa explotación

Existen dos formas en que el Estado entrega la plusvalía a las personas sin mediar Trabajo

La primera de ellas es la ***subsidiaridad*** para la adquisición de bienes y servicios a los que todos tenemos derecho, pero que algunas personas no estarían en condiciones de alcanzar de no contar con tal ayuda solidaria. La subsidiaridad no constituye un derecho de las personas pero si un deber de la sociedad por el principio de la Fraternidad. Esta forma de ayuda está refrendada constitucionalmente y ha sido ampliamente descuidada. No constituye explotación por imperio de la Fraternidad.

Una reciente, segunda forma de entrega de la plusvalía sin involucrar Trabajo, es la denominada ***gratuidad*** que se entrega como derecho de las personas para el financiamiento de derechos sociales independiente de la situación económica de las mismas. Esta ayuda excede el marco constitucional de la subsidiaridad por cuanto aplica también a personas que cuentan con los recursos económicos necesarios puesto que es un derecho avalado por el principio de Igualdad ante la ley. Algunos sectores proyectan superar la deficiencia constitucional propiciando una nueva Constitución que si la permita, no obstante los inconvenientes jurídicos implicados además de los económicos.

Esta última forma de entregar la plusvalía viola el principio de Correspondencia y constituye una clara muestra de explotación de parte de quienes reciben los beneficios, a través del Estado, hacia quienes producen la plusvalía. Esta postura lleva en su esencia el populismo por cuanto capta la aprobación de amplios grupos de interés y conduce a una inconveniente reducción del crecimiento por merma de la inversión. Al constituir una explotación en nada contribuye a una mejor distribución de los ingresos.

La Correspondencia y la distorsión de la distribución de los ingresos

La distorsión de la distribución de los ingresos no es otra cosa que la violación de la correspondencia que debe existir entre el trabajo de las personas y los beneficios recibidos. La situación de base es permanente en una sociedad organizada conforme a los diseños capitalistas pero existen muchos otros factores que afectan. Aún así, la pretensión de una correcta distribución de ingresos no debe perder de vista la relación entre Trabajo y Beneficio. Por lo tanto carece de lógica fundar redistribuciones sobre un inexistente o caprichoso principio de igualdad económica, que a lo más es una idea, puesto que en lo económico prima la Correspondencia.

Un intento de atenuar la explotación

Como se ha señalado, requisito de la explotación es gastar la plusvalía en efectos personales sin mediar trabajos adicionales, ya sea del dueño de la misma o bien del beneficiario de una gratuidad que resulta de la expropiación de la plusvalía por mecanismos impositivos.

Pretender eliminar la explotación en términos absolutos ya se ha intentado sin éxito y las soluciones resultaron ser más perjudiciales que beneficiosas. Por esta razón aquí, en un enfoque modesto, sólo se plantea atenuar el problema.

Ahora bien, si se trata de alcanzar una mejor distribución de los beneficios relacionándolos con el trabajo hay que observar el destino de la plusvalía en la explotación y este no es otro que los mercados de bienes y servicios tanto internos como externos.

La explotación significa un daño económico y social al grupo generador de la riqueza, pero este daño es mayor cuando la plusvalía se gasta en el mercado externo, tanto por los montos involucrados como por las escasas probabilidades de retorno de los capitales, vía inversión, al sector creador de la riqueza.

Resulta claro que detener el gasto en mercados externos significa una detención fuerte de la explotación. Ahora, detener los gastos en mercados externos carece de sentido porque desaparece la parte más importante del incentivo fundamental de la actividad económica capitalista que es el usufructo de la plusvalía, **pero retener momentáneamente el gasto mediante mecanismos de ahorro de los capitales tendría importantes beneficios en la inversión interna (a través de préstamos de bajo interés) y constituiría una atenuación de la explotación.**

Una ley puede ordenar el ahorro previo y obligatorio de un monto equivalente a la compra de moneda extranjera por un lapso de tiempo determinado, Finalizado el tiempo de ahorro obligatorio se restituyen los capitales a los ahorrantes junto a los intereses y con el documento que acredita el monto y tiempo del ahorro. Este documento podría ser transado en el mercado financiero. Puede haber muchas objeciones a la propuesta pero esta se circunscriben a aspectos técnicos y deben ser los economistas y técnicos los que encuentren las soluciones para alcanzar un modelo de compartición social momentánea de la riqueza.

La pérdida momentánea de la libertad de disposición del derecho de propiedad privada está avalada por la primacía del interés social por sobre el interés privado. Este aspecto relativo a la subordinación de la propiedad privada frente al interés social es actualmente aplicada en múltiples casos y debiera estar consagrado expresamente en la Constitución para así ampliar sus posibilidades de aplicación.

La Correspondencia y su aporte a la visión de la política.

La toma de conciencia del significado del principio de Correspondencia tiene potencialidades insospechadas en el terreno de la política. La Correspondencia es por esencia la idea sentimiento más arraigado de los Trabajadores y basta con lo dicho para sopesar la profundidad de las consecuencias de su conocimiento y comprensión.

La Correspondencia irrumpe en un escenario político complejo, La parte introductoria de este trabajo da cuenta de los aspectos históricos subyacentes e introduce una descripción. La parte del destino de la plusvalía y la explotación analiza en más profundidad las ideas fundamentales que dan base a la confrontación ideológica actual.

Para facilitar la comprensión de las controversias políticas y apuntando a lo fundamental digamos que las ideas en pugna en la actualidad son la **subsidiaridad y la gratuidad.** Es fácil adscribir a los diferentes sectores políticos en el apoyo de una u otra postura. Ya se han señalado las características, bondades y defectos de cada una, pero resaltan los aspectos negativos de la segunda.

A la luz de lo expresado resulta claro lo errado e inconducente de ambas posturas para apuntar en el sentido de la Justicia de la no explotación. La impostura de los grupos políticos ya queda en evidencia. Ante la falta de convicción por sus posturas y la poca certeza de un triunfo electoral por la fuerza de las ideas algunos caen en la demagogia y otros apuestan a la desestabilización del orden democrático.

El país en medio de este escenario político caótico, no existiendo la certeza si para bien o para mal, se está preparando un debate constitucional.

La acción

La Correspondencia acompaña la introducción de un nuevo movimiento político. Por la reintroducción de ideas pretéritas pero liberadas de ideologías perjudiciales surgen nuevos planteamientos sustentados en sólidas bases construidas a lo largo de la historia. Lo señalado muestra un movimiento alternativo al actual esquema político de neoliberalismo, social democracia y socialdemocracia populista. También el movimiento escapa a los tradicionales calificativos de derecha, centro o izquierda y debe nutrirse de ex adherentes de todos esos sectores.

El movimiento debe expresar su respeto por la vida en todas sus formas y al cuidado del medio ambiente o ecología.

El movimiento debe ser auténticamente progresista y debe tener por principios la Fraternidad, la Libertad, la Igualdad, la Correspondencia y la Vida.

HACIA EL JARDIN DE ROSAS

En medio de la escritura tuvimos que lamentar el fallecimiento de mi hermana María Teresa, ella nos precede en el viaje al más allá.

Al término del escrito tendré que decir lo obvio, lo importante no es mi persona, los toques biográficos no fueron parte de una autobiografía sino que me sirvieron para dar estructura o ensamble a las ideas. Seguramente las ideas centrales estuvieron, por mi, deficientemente expresadas pero lo relevante es que a través de las páginas estuvieron y hablaron los grandes espíritus de Unión, de Verdad y de Amor.

La temática se centra en el conflicto político y social que se manifestó en Chile a fines del siglo pasado y que buscó solución en principio por cauces de pacíficos y de legitimidad. Por desgracia el rumbo cambió cayéndose en la violencia, el odio y finalmente en la Dictadura. El país superó ese estado de conmoción extrema con el retorno a la Democracia pero resulta evidente que el conflicto original no ha sido superado. En la actualidad Chile está siendo destruido, no por la pandemia que ha significado una tregua, sino por la confrontación política producto del odio que significa la desunión. En medio de una mayoría que vaga sin rumbo definido están los de las trincheras que creyéndose poseedores de la verdad, lanzan granadas contra las posiciones enemigas. Si bien lo expresado está en sentido figurado no existe la certeza que lo dicho no se transforme en una dolorosa realidad por cuanto hay quienes han empezado a usar la violencia. Latinoamérica tiene un patrón social común y si el estallido insurreccional y social chileno tiene mechas extendidas desde el extranjero existe la amenaza que el conflicto se extienda por el continente sudamericano.

Es en verdad una visión apocalíptica pero ¿podríamos declararnos sorprendidos?

Me asiste el convencimiento que lo obrado y señalado es suficiente para conmover el espíritu de los lectores, que reforzará las ideas de unidad de algunos y los alentará a seguir avanzando. A otros los hará salir de sus trincheras, supongo arrepentidos. Chile es un país escogido por un complicado destino, que así como pudo tocar el cielo descendió a los más tenebrosos abismos, así como supo salir de ellos pareciera que nuevamente está al borde del precipicio. Chile y el Mundo necesitan ayuda, pero ésta ayuda debe venir de las personas, de aquí y de todas partes, pero éstas sólo podrán hacerlo si abren sus ojos y oídos para ver y escuchar a los Grandes cuyo mensaje nos transmitió Edouard Schure en 1889. Para terminar, mis hermanos, hermanas y yo, que estamos en cuarentena y unidos por teleconferencia, los invitamos a caminar hacia el Rosal.

Gracias Matechita

BIBLIOGRAFIA

1.- Schure E. Los Grandes iniciados

https://sociedadteosoficapr.org/Biblioteca/

2.- Casanueva Werlinguer J.M. El Cáliz de la Amargura

Trama Impresores S.A. 2013

3.- Rocha J.G. Allende, Masón

Editorial Sudamericana 2000

4.- Yocelevzky Retamal R.A. Salvador Allende Gossens

en la memoria de sus Hermanos Masones

Editorial Occidente Historia 2012

5.-Los Gedeones Internacionales Nuevo Testamento Salmos Proverbios

THE GIDEONS INTERNATIONAL 1900 LEBANON ROAD

NASHVILLE, TENNESSEE 37214 USA

Printed by Books on Demand GmbH, Norderstedt / Germany